APRENDENDO

IA

PARA INICIANTES – APLICADA AO DIA A DIA

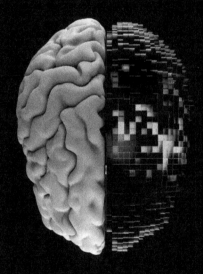

COMO USAR INTELIGÊNCIA ARTIFICIAL NO SEU DIA A DIA PESSOAL OU PROFISSIONAL, EM TAREFAS SIMPLES OU MAIS COMPLEXAS.

FERRAMENTAS E UTILIZAÇÃO – EXEMPLOS PRÁTICOS DE VÁRIOS SEGMENTOS – ESTRUTURA DO PROMPT

ROCCO

Sobre o Autor

Ronaldo Serpa é administrador, profissional de marketing e pós-graduado em marketing digital. Sempre inquieto e movido pela curiosidade, acredita que o conhecimento só tem valor quando é compartilhado. Foi essa mentalidade que o levou a explorar o universo da inteligência artificial de forma autodidata, buscando entender como essa tecnologia pode transformar a vida das pessoas comuns.

Apaixonado por ensinar e desenvolver talentos, Ronaldo encontrou na IA não apenas uma ferramenta poderosa, mas uma ponte para novas oportunidades. Seu propósito é descomplicar o tema e mostrar, de forma acessível e prática, que a inteligência artificial não é algo distante ou complexo, mas sim um recurso ao alcance de todos – capaz de facilitar o dia a dia, otimizar tarefas e abrir caminhos para novas conquistas.

Este livro reflete sua jornada e sua missão: tornar o conhecimento acessível e inspirar outras pessoas a explorarem o potencial da tecnologia com confiança e criatividade.

O que é Inteligência Artificial (IA)?

Imagine que você tem um assistente muito inteligente que pode aprender coisas novas, tomar decisões e até fazer tarefas sozinho. Esse assistente não é uma pessoa, mas um programa de computador criado para "pensar" e "agir" de forma parecida com os humanos. Isso é o que chamamos de Inteligência Artificial, ou simplesmente IA.

A IA não é mágica, mas é uma tecnologia incrível que usa dados e algoritmos (que são como receitas passo a passo) para aprender e resolver problemas. Ela está em muitos lugares ao nosso redor, muitas vezes sem a gente nem perceber.

Por exemplo:

Quando você pergunta algo para a Siri ou Alexa, ela usa IA para entender sua voz e responder.

Quando o Netflix recomenda um filme que você pode gostar, é a IA que analisa seus gostos e sugere algo legal.

Quando você tira uma foto e o celular ajusta a luz automaticamente, isso também é IA em ação.

Como a IA funciona?

A IA aprende com exemplos e experiências. Imagine que você quer ensinar uma criança a reconhecer um cachorro. Você mostra várias fotos de cachorros e diz: "Isso é um cachorro". Depois de ver muitas fotos, a criança começa a reconhecer sozinha. A IA funciona de um jeito parecido:

Ela recebe dados: Por exemplo, milhares de fotos de cachorros.

Ela aprende padrões: A IA analisa as fotos e descobre o que faz um cachorro ser um cachorro (o focinho, as orelhas, etc.).

Ela toma decisões: Depois de aprender, a IA pode olhar uma foto nova e dizer: "Isso é um cachorro!" ou "Isso não é um cachorro."

IA no dia a dia pessoal e profissional

A IA já faz parte da nossa vida e pode nos ajudar de muitas formas. Veja alguns exemplos práticos:

No dia a dia pessoal:

Assistentes virtuais: Siri, Alexa e Google Assistant ajudam a marcar compromissos, tocar música ou até contar piadas.

Redes sociais: O Instagram e o Facebook usam IA para mostrar posts que você pode curtir mais.

Aplicativos de tradução: Ferramentas como o Google Tradutor usam IA para traduzir textos e até conversas em tempo real.

Recomendações personalizadas: Spotify sugere músicas, Amazon recomenda produtos e YouTube indica vídeos com base no que você gosta.

No trabalho:

Automatização de tarefas: Ferramentas como Zapier usam IA para conectar aplicativos e automatizar tarefas repetitivas, como enviar e-mails ou organizar planilhas.

Análise de dados: Plataformas como Power BI ou Tableau usam IA para transformar números em gráficos e insights úteis.

Chatbots: Muitos sites usam chatbots com IA para responder perguntas de clientes 24 horas por dia.
Design e criatividade: Ferramentas como Canva e Adobe Firefly usam IA para criar designs profissionais de forma rápida e fácil.

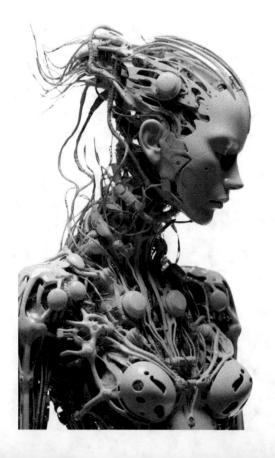

Por que a IA é importante?

A IA está revolucionando o mundo porque ela pode:
Facilitar tarefas: Automatizar coisas chatas e repetitivas, como organizar e-mails ou preencher planilhas.
Resolver problemas complexos: Ajudar médicos a diagnosticar doenças, cientistas a descobrir novos medicamentos ou empresas a prever tendências.
Melhorar a criatividade: Gerar ideias, textos, imagens e até músicas de forma rápida e inspiradora.

Resumindo:
A Inteligência Artificial é como um superassistente que aprende com exemplos e usa dados para tomar decisões. Ela já está no nosso dia a dia, nos ajudando a ser mais produtivos, criativos e organizados. E o melhor: você não precisa ser um expert para começar a usar IA. Com as ferramentas certas, qualquer pessoa pode aproveitar essa tecnologia incrível!

1. ChatGPT (OpenAI)

O que faz: Gera textos, responde perguntas, ajuda na redação, tradução, criação de conteúdo e até programação.
Versões:
Grátis: Versão básica com acesso ao GPT-3.5.
Paga: ChatGPT Plus (pago) com acesso ao GPT-4 e funcionalidades avançadas.

2. Google Bard

O que faz: Assistente de IA que responde perguntas, gera textos, ajuda na pesquisa e integra-se com ferramentas do Google.
Versões:
Grátis: Totalmente gratuito, com acesso a recursos básicos.

3. Microsoft Copilot

O que faz: Integrado ao Microsoft 365 (Word, Excel, PowerPoint, etc.), ajuda a escrever documentos, criar planilhas, fazer apresentações e automatizar tarefas.
Versões pagas: Incluído em planos do Microsoft 365

4. MidJourney

O que faz: Gera imagens e artes digitais a partir de descrições textuais (prompts).
Versões pagas. Não há versão gratuita, mas oferece um teste limitado.

5. DALL-E (OpenAI)

O que faz: Cria imagens realistas ou artísticas a partir de descrições textuais.
Versões:
Grátis: Versão experimental com créditos limitados.
Paga: Créditos adicionais podem ser comprados
.

6. Canva (Magic Studio)

O que faz: Ferramenta de design gráfico com IA para criar posts, apresentações, logos e muito mais.
Versões:
Grátis: Versão básica com funcionalidades limitadas.
Paga: Canva Pro com acesso a ferramentas avançadas de IA.

7. Grammarly

O que faz: Corrige gramática, melhora a clareza e o estilo de textos em inglês.

Versões:

Grátis: Verificação básica de gramática e ortografia.

Paga: Planos para correções avançadas e sugestões de estilo.

8. Notion AI

O que faz: Ajuda a escrever, resumir textos, gerar ideias e organizar tarefas dentro do Notion.

Versões:

Grátis: Teste gratuito limitado.

Paga: para uso completo.

9. Zapier

O que faz: Automatiza tarefas entre aplicativos (ex.: enviar e-mails automaticamente, integrar ferramentas).
Versões:
Grátis: Plano básico com tarefas limitadas.
Paga: Planos para mais tarefas e integrações.

10. Otter.ai

O que faz: Transcreve reuniões, aulas e áudios em tempo real.
Versões:
Grátis: Limite de 30 minutos por transcrição.
Paga: Planos para transcrições ilimitadas.

11. Jasper AI

O que faz: Gera textos para marketing, blogs, e-mails e redes sociais.
Versões:
Paga. Não há versão gratuita, mas oferece teste gratuito.

12. Hugging Face

O que faz: Plataforma com modelos de IA pré-treinados para tarefas como tradução, análise de sentimentos e geração de texto.
Versões:
Grátis: Acesso a muitos modelos e ferramentas gratuitamente.
Paga: Serviços premium para empresas e desenvolvedores.

13. Synthesia

O que faz: Cria vídeos com avatares digitais que falam em diferentes idiomas.
Versões:
Paga Não há versão gratuita, mas oferece demonstração.

14. DeepL

O que faz: Traduz textos com alta qualidade em vários idiomas.
Versões:
Grátis: Traduções básicas com limite de caracteres.
Paga: Planos para traduções ilimitadas e avançadas.

15. Runway ML

O que faz: Ferramenta de edição de vídeos e imagens com IA, incluindo remoção de fundo, geração de conteúdo e efeitos especiais.
Versões:
Grátis: Plano básico com funcionalidades limitadas.
Paga: Planos para recursos avançados.

16. Replika

O que faz: Chatbot que simula conversas humanas e pode ser personalizado como um amigo virtual.
Versões:
Grátis: Conversas básicas.
Paga: Planos para funcionalidades avançadas.

17. Lumen5

O que faz: Cria vídeos para redes sociais a partir de textos ou artigos.
Versões:
Grátis: Versão básica com marca d'água.
Paga: Planos para vídeos sem marca d'água e mais recursos.

18. Descript

O que faz: Edição de áudio e vídeo com transcrição automática e remoção de palavras indesejadas.
Versões:
Grátis: Plano básico com funcionalidades limitadas.
Paga: Planos para edições avançadas.

19. Fireflies.ai

O que faz: Grava e transcreve reuniões, com busca por palavras-chave e resumos automáticos.
Versões:
Grátis: Plano básico com limite de gravações.
Paga: Planos para mais gravações e funcionalidades.

20. TensorFlow (Google)

O que faz: Biblioteca de código aberto para criar e treinar modelos de IA.
Versões:
Grátis: Totalmente gratuito para uso pessoal e comercial.

IA - o segredo é o prompt

Considere que você não tem o prompt para começar, sendo assim a regra é sempre, dividir em blocos e dar contexto.

1- O primeiro bloco chamamos de "Systen role e Persona (algo como dizer a IA "qual é a sua função / especialidade, caso fosse uma pessoa") Exemplos: "haja como se fosse um especialista em x, formado em x curso, e com experiência de x anos no assunto" ou "Você é um desenhista e especialista em desenhos infantis, traços de mangá" e assim, definindo o primeiro bloco de acordo com o obejtivo da interação.

2- O segundo bloco é o objetivo, você preciso dizer pra IA o que espera como resultado, exemplo: "um texto profissional jornalístico sobre x assunto, contendo x linhas em mandarin"

3- O terceiro bloco é o "contexto", precisamos dizer a IA onde o resultado será aplicado, exemplo: "Minha empresa é uma agência de notícias brasileira que produz reportagens para chineses que moram no Brasil e usam mandarin como principal lingua de comunicação, um projeto voltado para jovens chineses" Quanto mais contexto, maior a chance de seu resultado chegar mais próximo do que precisa.

4 - "Ações", aqui você diz a IA como ela deve fazer, exemplo: "parágrafos curtos, máximo de linhas, identificar cargo, idade de personalidades citadas". Não coloque todas as ações em um único bloco, melhor usar blocos separados para cada uma ou duas ações, assim a construção pode ser moderada.

5- Esse bloco chamamos de "formato", aqui dizemos a IA como queremos que o trabalho, exemplos:" entregue o texto em pdf pra dowload, entregue em planilha divida em x,y,z, entregue em código de programação em tal programa (mais complexo)"

PERSONA
OBJETIVO
CONTEXTO
AÇÕES
FORMATO

Use essa estrutura e garanta os melhores resultados nas suas interações com IA.

IA

UTILIZANDO NO DIA A DIA

Como a Inteligência Artificial Pode Ajudar no Dia a Dia de uma Dona de Casa

A tecnologia de Inteligência Artificial (IA) está se tornando uma aliada poderosa em diversos aspectos da vida cotidiana, inclusive para as donas de casa. Ela pode ajudar a simplificar tarefas, economizar tempo e melhorar a eficiência no lar. Aqui estão algumas maneiras práticas de como a IA pode ser utilizada:

1. Organização das Tarefas Domésticas

Assistentes Virtuais: Assistentes de voz como Alexa, Google Assistant e Siri podem criar listas de tarefas, definir lembretes e alarmes, e até mesmo ajudar a encontrar receitas.

Aplicativos de Organização: Aplicativos como Todoist e Microsoft To Do, que utilizam IA para priorizar tarefas e lembrar compromissos importantes, são extremamente úteis.

2. Economia de Tempo na Cozinha

Planejamento de Refeições: Aplicativos como Yummly e Whisk utilizam IA para sugerir receitas com base nos ingredientes que você tem em casa e nas suas preferências alimentares.

Eletrodomésticos Inteligentes: Fornos, geladeiras e outros eletrodomésticos inteligentes podem ser controlados via smartphone, ajustando temperaturas e tempos de cozimento para garantir que suas refeições saiam perfeitas.

3. Gestão de Compras

Listas de Compras Inteligentes: Aplicativos de lista de compras, como AnyList, que sincronizam com assistentes virtuais para lembrar o que está faltando.

Compras Online Automatizadas: Plataformas como Amazon e supermercados online que utilizam IA para sugerir produtos baseados em compras anteriores e preferências.

4. Manutenção da Casa

Robôs Aspiradores: Robôs como o Roomba utilizam IA para mapear e limpar sua casa de forma eficiente.

Sistemas de Segurança Inteligentes: Câmeras e sistemas de alarme que podem ser monitorados via smartphone, proporcionando mais segurança e tranquilidade.

5. Entretenimento e Educação

Assistentes de Entretenimento: Plataformas de streaming como Netflix e Spotify utilizam IA para recomendar programas, filmes e músicas de acordo com seus gostos.

Educação Online: Plataformas de aprendizado como Khan Academy e Duolingo utilizam IA para criar experiências de aprendizado personalizadas, ajudando a adquirir novos conhecimentos.

Conclusão

A IA está se tornando uma ferramenta essencial para as donas de casa modernas, facilitando a gestão do lar e proporcionando mais tempo para as coisas que realmente importam. Desde organização e planejamento de refeições até a limpeza e segurança, a Inteligência Artificial pode transformar a rotina doméstica de uma maneira significativa.

Como a Inteligência Artificial Pode Ajudar no Dia a Dia de um Médico

A Inteligência Artificial (IA) está revolucionando a área da saúde, oferecendo ferramentas e soluções que ajudam os médicos a melhorar o atendimento ao paciente, aumentar a eficiência e tomar decisões mais informadas. Aqui estão algumas maneiras práticas de como um médico pode usar a IA no dia a dia:

1. Diagnóstico e Tratamento

Análise de Imagens Médicas: Ferramentas de IA como o IBM Watson Health e o Aidoc podem analisar radiografias, tomografias e ressonâncias magnéticas com grande precisão, ajudando os médicos a identificar condições como tumores, fraturas e outras anomalias rapidamente.

Assistentes de Diagnóstico: Aplicativos como o Buoy Health e o Ada podem auxiliar na triagem de sintomas e na sugestão de possíveis diagnósticos, permitindo que os médicos priorizem os casos mais urgentes.

2. Gestão de Pacientes

Prontuários Eletrônicos Inteligentes: Sistemas como o Epic e o Cerner utilizam IA para organizar e analisar dados dos pacientes, facilitando o acesso a históricos médicos completos e a detecção de padrões importantes para o tratamento.

Alertas e Lembretes: IA integrada em sistemas de prontuários eletrônicos pode enviar alertas para médicos sobre interações medicamentosas perigosas, exames atrasados ou necessidade de vacinas.

3. Planejamento e Pesquisa

Previsão de Demanda: Ferramentas de IA como o LeanTaaS podem prever a demanda por recursos hospitalares, ajudando na gestão de leitos, agendamentos de cirurgias e disponibilidade de equipe médica.

Pesquisa Médica: Plataformas como o PubMed e o Google Health utilizam IA para revisar e recomendar estudos relevantes, ajudando médicos e pesquisadores a se manterem atualizados com as últimas descobertas científicas.

4. Interação com Pacientes

Chatbots de Saúde: Aplicativos como o HealthTap e o Babylon podem responder perguntas dos pacientes, agendar consultas e até monitorar condições crônicas com base em dados de dispositivos vestíveis.

Telemedicina: Soluções de IA integradas em plataformas de telemedicina, como o Teladoc e o Amwell, ajudam a fornecer atendimento remoto de alta qualidade, analisando dados em tempo real para apoiar diagnósticos e tratamentos.

5. Tratamentos Personalizados

Medicina de Precisão: A IA pode analisar o perfil genético de pacientes e prever quais tratamentos serão mais eficazes, como no caso do IBM Watson for Genomics, que ajuda oncologistas a personalizar terapias para câncer.

Planos de Reabilitação: Ferramentas de IA podem criar planos de reabilitação personalizados para pacientes, monitorando o progresso e ajustando as recomendações conforme necessário.

Conclusão

A IA está se tornando uma ferramenta indispensável na prática médica moderna, ajudando os médicos a melhorar a precisão dos diagnósticos, otimizar o tratamento e proporcionar um atendimento ao paciente mais eficiente e personalizado. Com essas tecnologias, os médicos podem se concentrar mais no cuidado humano e menos nas tarefas administrativas, beneficiando tanto os profissionais de saúde quanto os pacientes.

Como a Inteligência Artificial Pode Ajudar no Dia a Dia de um Motorista de Aplicativo

A Inteligência Artificial (IA) está transformando a maneira como os motoristas de aplicativo trabalham, ajudando a melhorar a eficiência, a segurança e a experiência geral tanto para o motorista quanto para os passageiros. Aqui estão algumas maneiras práticas de como a IA pode facilitar a vida de um motorista de aplicativo:

1. Roteamento e Navegação
Mapas Inteligentes: Aplicativos como Google Maps e Waze utilizam IA para fornecer rotas otimizadas, levando em consideração o tráfego em tempo real, acidentes e obras na estrada, ajudando a evitar atrasos e reduzir o tempo de viagem.
Assistentes de Navegação: Assistentes de voz integrados nos aplicativos de navegação podem fornecer instruções precisas e atualizadas, permitindo que o motorista se concentre na estrada sem precisar olhar para o celular.

2. Gestão de Tempo

Previsão de Demanda: Aplicativos como Uber e Lyft utilizam IA para prever períodos de alta demanda em determinadas áreas, ajudando os motoristas a se posicionarem estrategicamente para maximizar o número de corridas e os ganhos.

Planejamento de Horários: IA pode sugerir os melhores horários para dirigir com base nos padrões de demanda e nas preferências do motorista, ajudando a equilibrar trabalho e descanso.

3. Segurança

Monitoramento de Fadiga: Aplicativos e dispositivos de monitoramento podem usar IA para detectar sinais de fadiga no motorista, como piscadas frequentes ou desvios de direção, e emitir alertas para fazer uma pausa.

Assistência ao Motorista: Sistemas de assistência ao motorista, como frenagem automática de emergência e manutenção de faixa, podem ser integrados ao veículo para aumentar a segurança durante as viagens.

4. Interação com Passageiros

Feedback em Tempo Real: IA pode analisar o feedback dos passageiros e fornecer sugestões para melhorar o atendimento, como ajustar a temperatura do carro, oferecer música ou garantir um ambiente limpo e confortável.

Chatbots: Chatbots integrados aos aplicativos de motorista podem responder a perguntas frequentes dos passageiros e resolver problemas menores, como alteração de rota ou previsão de chegada, sem a necessidade de intervenção direta do motorista.

5. Manutenção do Veículo

Monitoramento de Saúde do Veículo: Aplicativos e dispositivos que utilizam IA podem monitorar a condição do veículo em tempo real, avisando sobre necessidade de manutenção, trocas de óleo, pressão dos pneus e outras manutenções preventivas.

Relatórios de Desempenho: IA pode gerar relatórios detalhados sobre o desempenho do veículo e do motorista, ajudando a identificar áreas de melhoria e a manter o carro em ótimo estado.

Conclusão

A IA está se tornando uma ferramenta indispensável para os motoristas de aplicativo, ajudando a otimizar rotas, aumentar a segurança, melhorar a interação com passageiros e cuidar da manutenção do veículo. Com essas tecnologias, os motoristas podem oferecer um serviço mais eficiente e de qualidade, ao mesmo tempo em que simplificam e facilitam sua própria rotina.

Como a Inteligência Artificial Pode Ajudar no Dia a Dia de uma Pedagoga

A Inteligência Artificial (IA) está transformando o campo da educação, oferecendo ferramentas que ajudam pedagogas a melhorar o ensino, personalizar o aprendizado e otimizar o tempo. Aqui estão algumas maneiras práticas de como a IA pode ser utilizada:

1. Planejamento de Aulas

Assistentes de Planejamento: Ferramentas como o Planboard e o Google Classroom utilizam IA para ajudar a criar planos de aula, sugerindo atividades e materiais com base nos objetivos de ensino.

Organização de Conteúdo: Aplicativos como o Evernote e o OneNote, que utilizam IA para categorizar e organizar notas e recursos didáticos, facilitam o acesso rápido ao material necessário.

2. Personalização do Aprendizado

Plataformas Adaptativas: Sistemas como o Khan Academy e o DreamBox utilizam IA para adaptar o conteúdo às necessidades e ao ritmo de aprendizado de cada aluno, proporcionando uma experiência personalizada.

Tutoria Virtual: Assistentes de IA como o Watson Tutor podem oferecer suporte individualizado aos alunos, ajudando-os com dúvidas e revisões fora do horário de aula.

3. Avaliação e Feedback

Correção Automática: Ferramentas como o Gradescope e o Turnitin utilizam IA para corrigir provas e trabalhos, oferecendo feedback detalhado e economizando tempo para a pedagoga.

Análise de Desempenho: Aplicativos como o Edmodo e o ClassDojo, que utilizam IA para monitorar o progresso dos alunos e gerar relatórios detalhados, ajudam a identificar áreas que precisam de atenção.

4. Engajamento dos Alunos

Gamificação: Plataformas como o Kahoot! e o Quizizz utilizam IA para criar jogos educacionais interativos, aumentando o engajamento e a motivação dos alunos.

Assistentes de Estudo: Aplicativos como o Quizlet e o Anki, que utilizam IA para criar flashcards e testes personalizados, ajudam os alunos a revisar e reter informações de maneira eficaz.

5. Desenvolvimento Profissional

Aprendizado Contínuo: Plataformas como o Coursera e o edX utilizam IA para recomendar cursos e recursos de desenvolvimento profissional com base nos interesses e nas necessidades da pedagoga.

Comunidades de Prática: Ferramentas como o Microsoft Teams e o Slack, que utilizam IA para facilitar a colaboração e o compartilhamento de conhecimento entre pedagogas, promovem um ambiente de aprendizado contínuo.

Conclusão

A IA está se tornando uma ferramenta essencial para pedagogas, ajudando a melhorar o planejamento de aulas, personalizar o aprendizado, avaliar o desempenho dos alunos, engajar os estudantes e promover o desenvolvimento profissional. Com essas tecnologias, as pedagogas podem oferecer um ensino de maior qualidade e se concentrar mais nas interações significativas com os alunos.

Como a Inteligência Artificial Pode Ajudar no Dia a Dia de um Administrador

A Inteligência Artificial (IA) está transformando o campo da administração, oferecendo ferramentas que ajudam a melhorar a eficiência, a tomada de decisões e a gestão de recursos. Aqui estão algumas maneiras práticas de como a IA pode ser utilizada:

1. Análise de Dados

Ferramentas de BI (Business Intelligence): Plataformas como o Power BI e o Tableau utilizam IA para analisar grandes volumes de dados, identificando tendências e padrões que ajudam os administradores a tomar decisões mais informadas.

Predição de Desempenho: Ferramentas de IA como o IBM Watson Analytics podem prever resultados futuros com base em dados históricos, auxiliando na criação de estratégias eficazes.

2. Gestão de Projetos

Software de Gerenciamento de Projetos: Aplicativos como o Asana e o Trello utilizam IA para ajudar a organizar tarefas, atribuir responsabilidades e monitorar o progresso dos projetos em tempo real.

Automação de Tarefas: Ferramentas de automação como o Zapier e o Microsoft Power Automate podem automatizar tarefas repetitivas, como envio de e-mails e atualizações de status, liberando tempo para atividades mais estratégicas.

3. Gestão de Equipes

Plataformas de Colaboração: Ferramentas como o Microsoft Teams e o Slack utilizam IA para facilitar a comunicação e a colaboração entre membros da equipe, sugerindo horários para reuniões e otimizando a troca de informações.

Análise de Sentimento: Ferramentas de IA podem analisar o sentimento das comunicações da equipe, identificando problemas de moral ou conflitos e ajudando a tomar medidas proativas.

4. Atendimento ao Cliente

Chatbots e Assistentes Virtuais: Chatbots como o Intercom e o Drift podem responder a perguntas frequentes de clientes, resolver problemas simples e encaminhar questões complexas para o suporte humano.

Análise de Feedback: Ferramentas de IA podem analisar comentários e avaliações dos clientes, identificando áreas de melhoria e ajudando a melhorar a satisfação do cliente.

5. Otimização de Recursos

Planejamento de Recursos: Ferramentas como o ERP (Enterprise Resource Planning) utilizam IA para otimizar a utilização dos recursos da empresa, ajudando a reduzir desperdícios e aumentar a eficiência.

Gestão Financeira: Ferramentas de IA como o Xero e o QuickBooks podem automatizar a contabilidade, monitorar fluxos de caixa e gerar relatórios financeiros detalhados, auxiliando na gestão financeira da empresa.

Conclusão

A IA está se tornando uma ferramenta essencial para administradores, ajudando a melhorar a análise de dados, a gestão de projetos, a comunicação e colaboração da equipe, o atendimento ao cliente e a otimização de recursos. Com essas tecnologias, os administradores podem tomar decisões mais informadas, melhorar a eficiência operacional e focar mais em atividades estratégicas.

Como a Inteligência Artificial Pode Ajudar no Dia a Dia de um Advogado

A Inteligência Artificial (IA) está revolucionando o campo jurídico, oferecendo ferramentas que ajudam advogados a melhorar a eficiência, a precisão e a gestão do tempo. Aqui estão algumas maneiras práticas de como a IA pode ser utilizada:

1. Pesquisa Jurídica

Ferramentas de Pesquisa: Plataformas como o ROSS Intelligence e o LexisNexis utilizam IA para analisar e encontrar precedentes relevantes, jurisprudências e doutrina, reduzindo o tempo gasto em pesquisa jurídica.

Análise de Documentos: Ferramentas de IA podem revisar e analisar documentos legais, identificando cláusulas importantes e possíveis riscos, garantindo maior precisão na elaboração de contratos e petições.

2. Gestão de Casos

Software de Gestão de Escritórios: Aplicativos como o Clio e o MyCase utilizam IA para organizar casos, documentos e comunicações, facilitando a gestão do escritório e o acompanhamento dos prazos processuais.

Automação de Tarefas: Ferramentas como o Legal Robot e o LawGeex podem automatizar tarefas administrativas, como a criação de documentos e a resposta a e-mails, liberando mais tempo para o trabalho jurídico.

3. Atendimento ao Cliente

Chatbots Jurídicos: Aplicativos como o DoNotPay e o Ailira podem fornecer assistência jurídica básica aos clientes, respondendo perguntas frequentes e orientando sobre procedimentos simples, como recursos e registros.

Análise de Sentimento: Ferramentas de IA podem analisar o sentimento nas comunicações dos clientes, identificando problemas e ajudando a melhorar o atendimento e a satisfação dos clientes.

4. Previsão de Resultados

Análise Preditiva: Ferramentas como o Premonition e o Lex Machina utilizam IA para analisar dados históricos de casos e prever resultados prováveis, auxiliando na estratégia processual e na tomada de decisões.

Avaliação de Riscos: IA pode ajudar a identificar riscos em contratos e documentos legais, sugerindo alterações para minimizar possíveis litígios e problemas futuros.

5. Treinamento e Desenvolvimento

Cursos Online: Plataformas de aprendizado como o Coursera e o Udemy utilizam IA para recomendar cursos e recursos de desenvolvimento profissional, ajudando advogados a se manterem atualizados com as últimas tendências e mudanças legais.

Comunidades Jurídicas: Ferramentas como o Slack e o Microsoft Teams, que utilizam IA para facilitar a colaboração e o compartilhamento de conhecimento entre advogados, promovem um ambiente de aprendizado contínuo.

Conclusão

A IA está se tornando uma ferramenta essencial para advogados, ajudando a melhorar a pesquisa jurídica, a gestão de casos, o atendimento ao cliente, a previsão de resultados e o desenvolvimento profissional. Com essas tecnologias, os advogados podem aumentar a eficiência, a precisão e se concentrar mais nas interações significativas com os clientes e nas estratégias jurídicas.

Como a Inteligência Artificial Pode Ajudar no Dia a Dia de um Mecânico de Automóveis

A Inteligência Artificial (IA) está transformando a indústria automotiva, oferecendo ferramentas que ajudam mecânicos a melhorar a eficiência, a precisão e a gestão do tempo. Aqui estão algumas maneiras práticas de como a IA pode ser utilizada:

1. Diagnóstico de Problemas

Sistemas de Diagnóstico: Ferramentas como o Bosch ESI[tronic] e o Launch X431 utilizam IA para realizar diagnósticos precisos de veículos, identificando problemas em motores, sistemas elétricos e outros componentes com rapidez e precisão.

Análise de Dados do Veículo: Dispositivos OBD-II conectados a aplicativos de IA podem monitorar em tempo real os dados do veículo, alertando o mecânico sobre problemas iminentes antes que eles se agravem.

2. Manutenção Preventiva

Aplicativos de Manutenção: Ferramentas como o CarMD e o AutoEnginuity utilizam IA para prever quando componentes do veículo precisarão de manutenção ou substituição, ajudando a evitar falhas inesperadas e melhorar a vida útil do veículo.

Planos de Manutenção Personalizados: IA pode criar planos de manutenção personalizados com base no histórico de uso do veículo e nas condições de condução, garantindo que cada carro receba os cuidados necessários no momento certo.

3. Gestão de Oficina

Software de Gestão de Serviços: Aplicativos como o AutoFluent e o Shop-Ware utilizam IA para organizar agendamentos, gerenciar estoque de peças e acompanhar o progresso dos serviços, melhorando a eficiência da oficina.

Automação de Tarefas Administrativas: Ferramentas de IA podem automatizar tarefas como faturamento, pedidos de peças e comunicação com clientes, liberando mais tempo para atividades técnicas.

4. Suporte Técnico e Treinamento

Assistentes Virtuais: Assistentes de IA podem fornecer suporte técnico em tempo real, ajudando mecânicos a resolver problemas complexos ao oferecer instruções detalhadas e soluções baseadas em bancos de dados de reparos.

Cursos Online: Plataformas de aprendizado como o Udemy e o Coursera utilizam IA para recomendar cursos e recursos de treinamento com base nas necessidades e interesses do mecânico, promovendo o desenvolvimento contínuo.

5. Interação com Clientes

Feedback em Tempo Real: IA pode analisar o feedback dos clientes e fornecer sugestões para melhorar o atendimento, como agilizar o tempo de espera ou oferecer explicações mais claras sobre os reparos realizados.

Chatbots e Assistentes Virtuais: Ferramentas como o Drift e o Intercom podem responder a perguntas frequentes dos clientes, agendar serviços e fornecer atualizações sobre o status dos reparos, melhorando a comunicação e a satisfação dos clientes.

Conclusão

A IA está se tornando uma ferramenta essencial para mecânicos de automóveis, ajudando a melhorar o diagnóstico de problemas, a manutenção preventiva, a gestão da oficina, o suporte técnico e a interação com clientes. Com essas tecnologias, os mecânicos podem aumentar a eficiência, a precisão e oferecer um serviço de maior qualidade aos seus clientes.

Essas ferramentas de IA podem realmente transformar a forma como os corretores de imóveis trabalham, aumentando a eficiência, precisão e personalização no atendimento ao cliente. Qual dessas ferramentas você acha mais interessante?

Análise de Mercado:

Ferramenta: Zillow Premier Agent
Explicação: Utiliza dados de mercado em tempo real para fornecer análises detalhadas sobre tendências de preços e previsões de valorização, ajudando os corretores a tomar decisões informadas sobre precificação.

Gerenciamento de Leads:

Ferramenta: HubSpot CRM
Explicação: Classifica e gerencia leads com base no comportamento online dos clientes, priorizando aqueles com maior probabilidade de fechar um negócio.

Ferramenta: Adroll

Explicação: Cria e otimiza campanhas de marketing digital segmentadas, alcançando o público-alvo de forma mais eficaz.
Chatbots para Atendimento ao Cliente:

Ferramenta: Drift

Explicação: Chatbots que podem responder a perguntas frequentes, agendar visitas e fornecer informações básicas sobre as propriedades em tempo real.

Tour Virtual e Realidade Aumentada:
Ferramenta: Matterport
Explicação: Cria tours virtuais imersivos das propriedades, permitindo que os clientes "andem" pelo imóvel de forma remota e detalhada.

Assistente Pessoal:
Ferramenta: Google Assistant

Explicação: Ajuda a organizar compromissos, enviar lembretes e gerenciar tarefas diárias.

Avaliação de Propriedades:
Ferramenta: HouseCanary

Explicação: Fornece avaliações precisas de imóveis com base em características específicas e dados de mercado.

Gestão de Documentos:
Ferramenta: DocuSign

Explicação: Digitaliza, organiza e gerencia documentos importantes, como contratos e registros de clientes.

Análise de Sentimento:
Ferramenta: Brandwatch

Explicação: Monitora redes sociais e avaliações online para entender o feedback dos clientes e ajustar estratégias de atendimento.

Sugestões Personalizadas:
Ferramenta: Salesforce Einstein

Explicação: Com base nas preferências dos clientes, sugere propriedades que atendem exatamente às suas necessidades.

"À medida que a inteligência artificial continua a evoluir, ela promete não apenas transformar profissões existentes, mas também criar novas oportunidades de trabalho, tornando-se uma aliada indispensável na melhoria da eficiência, inovação e personalização em todos os setores profissionais."

Por IA